Cathy BREVECOURT

La Réunion, mon trésor

Cathy BREVECOURT

La Réunion, mon trésor

Le combat pour la naissance d'un rêve

Éditions Muse

Imprint
Any brand names and product names mentioned in this book are subject to trademark, brand or patent protection and are trademarks or registered trademarks of their respective holders. The use of brand names, product names, common names, trade names, product descriptions etc. even without a particular marking in this work is in no way to be construed to mean that such names may be regarded as unrestricted in respect of trademark and brand protection legislation and could thus be used by anyone.

Cover image: Fourni par l'auteur

Publisher:
Éditions Muse
is a trademark of
Dodo Books Indian Ocean Ltd., member of the OmniScriptum S.R.L Publishing group
str. A.Russo 15, of. 61, Chisinau-2068, Republic of Moldova Europe
Printed at: see last page
ISBN: 978-620-2-29913-8

Préface

Si un jour vous avez la chance de vous rendre sur cette île magnifique qu'est La Réunion, qui est également la mienne, vous pourrez y découvrir des paysages merveilleux, des gens généreux et accueillants. Une cuisine extraordinaire et variée, gorgée d'épices, introduite par toutes les origines venues du monde entier. Pour moi elle est vraiment une île référence de notre planète. Elle y regroupe tellement de trésors. Même si on y trouve la montagne, la mer, des sîtes enclavés et luxuriants son plus grand trésor reste l'amour que diffuse toutes ces personnes qui l'enrichissent de leurs connaissances, leurs croyances, leurs savoirs faire et leur tolérance à la différence.

Bien sûr, certains me diront que tout n'est pas idyllique, je vous l'accorde. Parce que nous restons des êtres humains avec nos défauts et nos imperfections. Mais si nous prenons soins de ce cadeau de la nature, l'univers nous le rendra et nous préserverons pour nos générations futures l'un des plus beaux endroits du monde !

Dans une île lointaine et luxuriante...

- Faites l'appel et regroupez tous les esclaves dans la grange
- Monsieur il en manque deux, c'est le costaud et la mulâtresse
- Vite constituez une équipe et partez tout de suite à leur recherche.

Le jeune couple avait préparé ce départ depuis des semaines. Ils s'étaient privés de manger pendant trois jours pour amasser des provisions pour leur évasion.

Elle, Mily tout juste 16 ans, une peau couleur soleil. Née d'un rapport forcé entre une esclave et un maître, c'était une des rares métisse de la propriété. Elle n'était pas beaucoup appréciée du reste du groupe de par sa différence. Seul un jeune et très musclé esclave d'origine africaine, Jacomo, voyait en elle la belle personne qu'elle représentait.

Ils avaient soif de liberté et souhaitez vivre leur amour sans contrainte. Sur le campement les hommes et les femmes étaient séparés et se retrouvaient très rarement pour des corvées qui demandaient le concours de tous. Chaque soir, chacun retrouvait sa case. Leur reproduction était quasi impossible. Mais comme Mily et Jacomo, certains se retrouvaient en cachette. Notre jeune couple faisait le mur pour notamment apprendre l'écriture à l'insu des maîtres avec la fille de l'un d'entre eux, qui était tout simplement la demi-soeur de Mily.

Avant de quitter le campement, Jacomo avait pris le temps de noter le nom de chacun des esclaves avec leurs origines et l'estimation de leur âge. Ils les avaient bien observé et connaissait presque tous les gestes de chaque métier.

Alors qu'ils étaient partis depuis près de 3h, ils entendirent les aboiements des chiens. Jacomo ne voulait pas s'encombrer, décida de se lester de tout ce qui n'était pas utile à leur périple. Après s'être débarrassé de certains objets, il enroula ensemble les parchemins et les cacha dans le creux d'un arbre à l'apparence centenaire. Ils montèrent de plus en plus haut dans les montagnes et empruntèrent des sentiers traversés de rivières pour échapper à leurs traqueurs.

Arrivés dans une zone enclavée, ils décidèrent de se faire un abri pour la nuit. Mily épuisée, ne tarda pas à s'endormir dans les bras de Jacomo qui montait la garde. Au petit matin, Jacomo se réveilla en sursaut, ne voyant plus sa douce, qui était partie faire une toilette dans le bassin d'une magnifique cascade, non loin de là. Il l'observa de longues minutes avec admiration. Son corps parfait brillait dans la lueur de l'aube. Les boucles de ses cheveux bruns ruisselaient d'eau fraîche. Elle était d'une beauté incomparable. Il savait qu'il avait de la chance de l'avoir près de lui. Il s'approcha et lui tendit la main pour la faire sortir de l'eau. Un peu pudique elle se dépêcha de prendre sa robe pour se couvrir. Il sourit en lui disant "nous sommes comme mari et femme à présent, pourquoi as-tu honte de te montrer à moi ?" Mily ne répondit pas, elle baissa la tête mais ces joues rosies la trahissaient.

Jacomo était parti en éclaireur pour trouver l'endroit idéal pour s'installer de manière plus définitive. Dans le creux d'une montagne, une petite clairière paraissait parfaite pour les tourteraux. C'est après une demi-journée de marche qu'ils arrivèrent enfin à destination. A bout de force Mily s'effondra en tombant à genoux, fatiguée mais ravie. Jacomo commença à bâtir leur petit nid d'amour. Une petite case faite de bois et de paille. Une humble demeure qui suffisait aux évadés.

Les mois passèrent, paisible et pleins d'amour. Dans ce décore de rêve aux montagnes verdoyantes et à cette végétation si généreuse, ils profitaient de leur solitude qui ne dura pas bien longtemps à peine un an après leur installation dans le cirque de l'île une petite Harmony vint les rejoindre. Ils prénomèrent leur premièr enfant ainsi, car la petite fille incarnait l'accomplissement de leur union.

Puis suivirent Adam, Jim et Lili. Ils passaient des journées merveilleuses rythmées par le soleil. Jacomo avait appris à ses garçons l'art de la pêche et la cueillette de fruits et légumes, qui étaient en abondance à cet endroit. Quant à Mily elle enseignait l'école à ses quatre enfants tous les après-midi après manger. Tandis que les filles avaient droit à ses cours de cuisine chaque matin.

Un jour Jacomo emmena ses fils jusqu'à l'arbre creux. Il leur raconta leur histoire et leur montra les parchemins. Adam était impressionné par ce qu'il pouvait lire, contrairement à Ben qui passait son temps à inventer des systèmes ingénieux pour accheminer l'eau jusqu'à la case, qui s'était bien agrandit avec le temps. Pendant qu'Adam proposait à son père de continuer à écrire leur vie, Jim lui repérait les meilleurs bambous pour sa construction. Ainsi, ils avaient décidé de revenir régulièrement pour alimenter les parchemins.

Un matin alors que le soleil avait étalé de l'or sur les flancs de montagnes qui leur faisaient face et que les feuilles des arbres brillaient des gouttelettes de la rosée, Adam déjà dehors buvant un café artisanal confectionné par sa belle, entendit un bruit suspect. Puis comme pour trahir les intrus qui s'étaient aventurés sur leur territoire un bébé hurla ! Le chef de famille se leva brusquement saisit son sabre et s'approcha des égarés.

– Kissa lé là ?[1] Dit-il d'une grosse voix déterminer à faire fuir les effrontés.

Un homme noir de peau sorti d'un talus et s'avença doucement.
- ça à mwin, Tom, cé ou Jacomo ?[2]

Tom figurait sur la liste des esclaves des parchemins. Il était ami avec Jacomo à l'époque. Les deux hommes se prirent dans les bras comme deux frères. Leur langage était différent du français qu'enseigné les blancs à leurs enfants. Au fil du temps les esclaves avaient créé leur propre langue pour être les seuls à se comprendre et pouvoir communiquer sans que leurs maîtres puissent déchiffrer leurs échanges. Mélange de français et de dialecte africain et malgache, ils parlaient le créole.

Tom n'était pas seul, il avait avec lui sa femme Fleur, son fils aîné Rik, sa fille cadette Chance et le fameux bébé criare du nom de Fred. La famille fut accueillie chaleureusement. Enfin de la compagnie, Mily était la plus heureuse des femmes. Le clan s'étend aggrandit le lieu commençait à évoluer. Une petite communauté était née...

C'est ainsi que Jacomo appris que les esclaves étaient affranchis et que la plupart avaient eu droit à un morceau de terre. Désormais pour les embaucher il fallait payer leurs services.

---

1 Qui va là ?
2 C'est moi, Tom, c'est toi Jacomo ?

- mé a coz zot lé pas resté alor ?[3] Demanda Jacomo
- parce que banna lé devenu fou ek larzen, coméla i fo bataye pou tout è na pu respé[4]

- a dacor, mi compren a ou. Bienvenu, ici nou na la paix ![5]

Quelques mois passèrent avant qu'ils décidèrent de se rendre dans les bas pour i prendre quelques outils et autres choses utiles. Plus personne ne les recherchaient mais ils devaient tout de même rester discret si ils voulaient garder ce merveilleux endroit secret. Ils prirent l'habitude de faire des allers-retours régulièrement. Les enfants épanouis se plaisaient dans ce lieu merveilleux, mais certains avaient soif de découverte et rêvaient en secret de faire le chemin inverse.

Ce soir-là Mily et Jacomo s'étaient éloignés pour admirer, comme à l'accoutumée, le coucher du soleil. Sur le chemin du retour, ils entendirent Fleur crier de panique.

- cossa larivé, questionna Mily ?[6]
- banna la parti, banna lé pu là....et elle se mit à pleurer à chaudes larmes.[7]
- mé de kissa ou parle.[8]

- Harmony ek Rik
- koi la fé ? ben oussa banna la parti ?[9] la pauvre Mily ne voulait pas admettre que les enfants s'étaient enfuis

---

3 Mais pourquoi vous n'êtes pas restés alors ?
4 Parce qu'ils sont devenus fous avec l'argent, aujourd'hui il faut ce battre pour tout et il n'y a plus de respect.
5 Ah d'accord, je te comprends. Bienvenue, ici on a la paix !
6 Que c'est-il passé ?
7 Ils sont partis, ils ne sont plus là ...
8 Mais de quoi parles-tu ?
9 Qu'est-ce qui se passe ? Ben où sont-ils partis ?

- Nout zenfans la kit a nou...[10] dit tristement Fleur, accablée...

De nos jours en 2019...

- Samantha ! dépêche-toi le 4X4 nous attend, on part que pour 2 jours ne l'oubli pas
- S'il te plaît Zachari ne me crie pas dessus comme ça, je fais déjà l'effort de t'accompagner.

Zach s'approcha de son aimée et la pris dans ses bras, puis l'embrassa.
- Voilà pour toi et maintenant on y va ma chérie
Son petit clin d'oeil qui suivit sa flatterie, fit rire Samantha qui ne pouvait pas y résister.

Voilà nos deux personnages en route vers Mafate, un des trois cirques enclavés de l'île de la Réunion. Samantha ne raffolait pas de la marche et par dessus tout elle avait laissé ses enfants chez sa cousine pour accompagner son mari Zachari. Ils avaient loué un gîte pour passer la nuit sur place. C'était le cadeau de leur 16 ans de mariage.

Lui était entrepreneur dans le bâtiment et elle ancienne assistante de direction, elle avait cesser de travailler à la naissance de ses jumelles, Harmony et Melody.

Tout le monde connaissait la fameuse histoire des deux esclaves qui s'étaient enfuis juste avant l'abolition de l'esclavage et Samantha qui adorait la chanson choisi e le prénom de ses filles pour la légende et pour la musique. Depuis qu'elle ne travaillait plus Samantha faisait du

10 Nos enfants nous ont quitté

bénévola dans un centre pour personnes handicapées. Ils avaient également un fils qui se prénommait Charles, agé de 15 ans il était l'aine des filles de 8 ans.

Passionnés par l'histoire de Mily et Jacomo , les deux esclaves, ils allaient vivre ce week-end sur les traces du passé....

Le 4x4 les déposa à l'entrée d'un sentier qui menait à Mafate. Après 5h de marches Samantha qui avait rouspétée tous les 2km découvrit un paysage féérique. Sur le trajet ils avaient pu déjà admirer cette végétation magnifique chargée d'émotion. Des arbres et des plantes à ne plus finir, des vues sur les montagnes. Les fruits et les fleurs étaient aussi présents, leur offrant de quoi satisfaire leur gourmandise et une vue des plus splendide.

Alors qu'ils voyaient déjà la vallée et les maisonnettes qui la remplissait, Zach un habitué des sentiers de l'île, décida de faire un petit détour pour montrer un endroit magique à sa belle. Samantha trébucha, la stoppant net. Zach s'approcha d'elle et lui demanda si elle ne s'était pas fait mal. Alors qu'elle essayait de se relever en s'agrippant aux branches d'un arbre, elle fit une merveilleuse découverte...Cet arbre creux semblait renfermer un secret sous forme de parchemins.

- Zach, vient voir ça !
- Qu'y a t il Sam, dit il en souriant, tu as vu la vierge ?
- Non et arrête de m'appeler Sam ça fait nom de chien, je te l'ai déjà dit. J'ai trouvé quelque chose.
- hum un trésor, ma chérie ?

- Ben vient voir, je crois que ce sont des parchemins, enfin ça y ressemble. Il y a des toiles d'araignées et de la poussière dessus...
- Montre- moi ta fameuse découverte...eh bien on dirait que ce sont des parechemins.
- Je n'arrête pas de te le dire depuis 5mn, pfff.
- Puisque nous sommes bientôt arrivés, je te propose de garder ta trouvaille et de l'ouvrir dans le gîte.

Ils reprirent le sentier....
- ferme les yeux Samantha.
- Je vais encore tomber.
- non donne- moi la main, je vais te guider. Voilà tu peux ouvrir les yeux, mais tu dois déjà entendre...

- oh la la c'est trop beau , mon amour !!!! je n'ai jamais vue une si belle cascade. Elle brille de mille feux. Regarde s-moi ces fleurs qui l'entourent. Merci bébé, c'est vaiment magnifique, ça vallait le détour, vraiment.
- Je savais que ça te plairait , viens on va s'approcher de plus près. Et pourquoi pas se raffraîchir un peu, on dirait bien que tu transpires, non ?
- Oui ben c'est un peu de ta faute aussi lol

Les voilà les pieds dans l'eau. Samantha avec son regard émerveillé et Zach un air amusé.

- Pourquoi tu ris bêtement comme ça ?
- Merci, je suis content de te voir heureuse, voilà tout.

Il se baissa et arrosa Samantha avec ses mains pleines d'eau. Très malicieux Zach ne pouvait s'empêcher de la taquiner. Mais la réplique ne se fit pas attendre. Ils s'amusaient comme deux enfants qui découvraient l'eau pour la première fois. Samantha était aux anges. Un paysage de rêve aux côtés de son mari qu'elle aimait tant. Biensûr ses enfants lui manquaient, mais elle appréciait ce moment de bonheur partagé. Zach fini par l'attraper et la serra fort dans ses bras avant de l'embrasser tendrement. Ce n'était pas son habitude, il était peu expressif mais il voulait vraiment faire de ce week- end un moment inoubliable. Connaissant le romantisme de Samantha , il fit tous les efforts nécessaires pour lui faire plaisir.

- Vite repartons car nous sommes attendus pour le déjeuner.
- Ok mais le dernier qui a fini de s'habiller fera un massage à l'autre ce soir !

Samantha s'empressa de remettre ses vêtements pour espérer avoir son prix. Zach eu beau faire son possible, il semblait que madame était vraiment déterminée à gagner.

- Alors viens embrasse r la grande gagnante , mon chéri, dit- elle en souriant satisfaite et fière d'elle.
- Je m'execute très chère, même si tu as triché
- Quoi ? tu es vraiment de mauvaise foi, toi alors !
- A ller on se calme, tu l'auras ton massage t'inquiète pas, r épondit-il avec son petit sourire toujours plein de malice.

Arrivés sur place, ils furent accueillis par le couple responsable du gîte. Samantha s'amusa de son constat...pourquoi, alors que Mafate avait été peuplée d'esclaves, tous les gens étaient blancs dans le cirque. Elle en était presque génée ,elle à la peau métissée aux cheveux densent et frisés. Elle se trouvait bien plus proche des personnages de la légende que des gens qui peuplaient désormais la vallée. Zach, lui originaire des bas de l'île, un yab, c'est à dire à la peau blanche, faisait un magnifique contraste avec ses yeux couleur la mer et parfois ciel, passant du bleu au gris. Mais tout s'explique toujours, en effet, si les premiers habitants de Mafate furent des esclaves en fuite, c'est toutes les personnes recherchées qui vinrent s'installer pour échapper à la justice. Anciens colons ou personnes qui voulaient quitter la ville pour vivre dans un endroit dépourvu de loi et d'impôts à l'époque...Bien sûr il y avait aussi du metissage et dans les autres ilets. Et ce qui était encore plus bizarre c'est qu'ils parlaient tous le créole, qui a fini par devenir la langue officilelle de l'île.

- Bonjour madame, pensez-vous que je pourrai prendre une douche avant de manger, le trajet m'a donné quelques sueurs, parfois froides.
- Oui biensûr, je vous montre votre chambre tout de suite. S'il vous plaît, appelez- moi Clémentine.
- D'accord Clémentine à condition que vous m'appelez Samantha.
- Prenez votre temps, Samantha, vous êtes les seules ce midi, nous déjeuneron s avec vous.
- Avec plaisir Clémentine

Zach avait déjà sympatisé avec le propriétaire , avec qui il faisait le tour du gîte.
En défaisan t son sac Samantha vit à nouveau les parchemins, qu'elle plaçat dans la table de chevet, pour plus tard.

Alors que l'eau tiède appaisait Samantha, elle n'entendit pas Zach entrer pour la rejoindre sous la douche. La cascade les avaient certe raffraichie, mais la douche étaient d'un tel réconfort...

- Dépêches- toi Sam...mantha, ouh la la j'allais gaffer, je voudrai te montrer le coin avant de manger.
- Chéri, tu ne veux pas garder ça pour après, je meurs de faim , je t'assure. Je suis à deux doigts de te manger et on me traiterai de canibale lol
- Bon ok, mais c'est parce que je ne veux pas finir dans les crocs de ma tigresse, grrr !
- arrête tes bêtises allons manger

Dans la salle à manger une table dressée pour 5 personnes attendait nos 2 randonneurs, ou plutôt le randonneur et son apprentie. Au menu, beignet d'aubergine, gratons et toast de terrine de porc à l'apéritif. Salade croquante, achards de légumes et ses croquettes de poulet en entrée. Rôti de porc, lentilles, riz et rougail tomates au combava en plat de résistance. Assortiment de gâteaux pays en dessert et salade de fruits frais. Le tout fait maison naturellement.

Zach, très gourmand, n'en finissait pas de faire des humm à chaque bouchée. Samantha plus silencieuse écarquillait ses yeux, plus discrète mais non moins expressive.

- Quel délice ! Vraiment, c'est trop bon, répéta plusieurs fois Zach.
- C'est vrai, qui dois-je féliciter, demanda Samantha ?
- Tous les trois répondit Claude, le mari de Clémentine. J'ai fait le rôti et ma femme les entrées. Quant aux gâteaux, c'est ma mère qui les a

fait.
- félicitations à vous, c'était vraiment délicieux. Samantha eu un regard attendri en direction de la vieille femme encore bien gaillarde pour son âge.
Les enfants du couple vivaient dans les bas de l'île et la maman de Claude les avaient rejoint après le décès de son père. Ils formaient un trio parfait et pas que culinairement parlant. Ils étaient très drôles.

Alors que Clémentine servait le pousse café, Claude se leva et revint avec un instrument de musique.
- Oh, non Claude tu ne vas pas souler nos invités avec ton accordéon !
- Laissez-le ça ne nous dérange pas, mon père aussi jouait répondit Samantha.
Zach était affalé sur sa chaise le short sous le ventre tellement il était plein. Et alors que sonnait les premières notes de la chanson officielle de l'île, “Ti fleur fanée”, Mimi, la maman de Claude se mit à chanter avec sa petite voix fluette. Samantha revoyait son père et sa mère à l'époque et l'émotion était très forte.

- Tu vois Claude, tu vas faire pleurer Samantha tellement tu joues mal arrêtes ça !
- Mais non pas du tout, je suis un peu nostalgique, continuez s'il vous plaît.

Le couple eu droit à un récital de chansons traditionnelles merveilleusement interprétées par Mimi, qui avait l'air si heureux en chantant.

- Aller Sam bouge s ta grosse fesse, on va marcher un peu pour digérer !

- Arrête de m'appeler comme ça je t'ai dit ! Tu crois que je n'ai pas assez marché ce matin ?

- Mais ce matin, c'est fini, là c'est juste une petite balade t'inquiète pas, Sam...antha chérie.

- Ok, mais j'aimerais bien faire une petite sieste après.

- D'accord ma belle paresseuse, vient

La petite promenade fut plutôt salutaire et leur permis une digestion facilitée, ils en avaient bien besoin avec le repas si copieux qu'ils venaient de faire.

- Regarde ma chérie, la petite famille cochon, il y a le papa, la maman et leurs 3 petits...

- Pourquoi tu me regardes comme ça quand tu dis la maman ?

- Ben quoi, oui, c'est comme nous ils sont 5 mdr.

– C'est malin, mais ils sont vraiment mignons. J'espère que ce n'est pas un membre de leur famille que nous avons mangé ce midi...

- Pas cette fois, mais peut-être au prochain repas ! Dit Zach d'un air amusé.

- Orr tu ne peux pas t'empêcher de dire des conneries toi !

- non, ils ont un éleveur de cochons, des gros tous roses, dans un autre îlet, c'est lui qui les fournis en viande. Ces petits cochons tous noirs sont comme qui dirait, des cochons de compagnie...

- Comme toi ! Samantha partie dans un fou rire.

- Ah voilà et après tu iras dire que c'est moi qui dit n'importe quoi. Alors court si tu ne veux pas que le gros cochon ne t'attrape pour te manger, hummm !

- Arrête Zach, ne fait pas ça s'il te plaît, excuse-moi, pardon, pardon
- Trop tard, le cochon va t'attraper !
Zach saisie Samantha par la taille et la plaqua au sol, ou plutôt sur l'herbe, si verte et si touffue. Il se trouvait au-dessus d'elle, yeux dans les yeux pendant quelques secondes, il l'embrassa sensuellement... puis se leva et lui tendit la main.
- Bon tu n'avais pas dit que tu voulais faire une sieste ma petite fainéante ?
- oui, c'est pas faux, répondit Samantha amusé par la façon de faire de Zach.

En se levant, Samantha ne put s'empêcher d'admirer le décore.
- Je rêve, non dit elle à Zach ? Aie !!! Qu'est ce que tu fais ?
- Ben je te pince, comme ça tu sais que tu ne rêves pas, sourire aux lèvres bien entendu...
- Tu m'as fait mal Zach.
- Oh la la chochotte, tiens un bisou magique, tu fais ça aux enfants non ?
- Oui, mdr allons siester.
- Non je t'accompagne, mais je vais faire du repérage pour tout à l'heure, notre promenade de fin de journée...
- Quoi ! on va encore marcher tout à l'heure ?
- Oui ma cocotte, alors reposes- toi bien, dit Zach avec son petit sourire sadique.

- humm on verra si je t'accompagne, aller fait attention à toi. Tu n'oublies rien là ?
- Ben non quoi donc ? Aller viens prendre ton bisou !

Zach se retrouvait complètement dans cet endroit. C'était un homme proche de la nature. Il avait toujours dit à Samantha qu'il pourrait vivre dans un endroit reculé. Et voir le moins de gens possible. C'était son côté solitaire. Il profitait de ce moment pour faire un repérage de sentiers pour ses prochaines randonnées. Il participait aux courses locales dès qu'il en avait l'occasion.

C'était un père merveilleux. Il apprenait à son unique fils le bricolage, la mécanique et plus récemment comment se comporter avec les filles. Il n'était pas souvent affectueux, car il n'avait pas appris à l'être dans son éducation.
Mais il pouvait compter sur Samantha pour l'affection. Elle en avait à revendre plus qu'il n'en faut, pensait parfois Zach.

Ils formaient un couple très heureux. Samantha orpheline depuis plusieurs années n'avait pour seule famille Zach et les enfants, qu'elle chérissait par-dessus tout. Elle le disait souvent ils sont toute sa vie.

Elle faisait tout ce qu'elle pouvait pour leur rendre la vie plus facile. Parfois avec des petits gestes ou petites attentions. Elle avait un grand coeur et aimait aider les gens. C'était dans sa nature. En travaillant bénévolement au centre pour personnes handicapées elle comblai t son dévouement inné. Elle aimait aussi son île qu'elle appelait le coeur de la terre. Elle était athée, mais elle croyait en l'univers. Elle était persuadée que l'univers avait créé cette île pour y préserver une harmonie unique sur terre. La plupart des ethnies, des religions et le tout dans un endroit magnifique et magique.

Lorsqu'elle se levait le matin, elle aimait se mettre sous sa véranda, café à la main elle admirait le lever du soleil qui lui promettait une nouvelle journée remplie de belles surprises. Elle pensait à ses enfants à son mari et ce qu'elle pourrait faire dans sa journée pour leur être agréable.

Il arrivait à Zach de la rejoindre et alors qu'elle était adossée à une colonne, il la décalait pour se mettre derrière elle et la tenait par la taille, tout en l'embrassant dans le cou. Samantha profitait de ces moments rares mais si intenses. Ils étaient vraiment heureux...

Hé debout là-dedans ! Cria Zach à Samantha
- Chéri, pourquoi tu cries comme ça....Humm donnes- moi quelques secondes pour me réveiller et sortir de mon rêve où un homme magnifique venait me réveiller en m'embrassant....
- T'en as de la chance, dans tes rêves, dit-il en ricanant. Dommage tu es déjà réveillée, sinon je t'aurai réveillé en t'embrassant lol
- Oui, c'est ça... pfff. Tu crois qu'il y aurait du café ?
- Justement il va être froid si tu ne viens pas tout de suite.
- J'arrive bébé...

Leurs hôtes leur avaient préparé un café fait maison. Avec du café récolté à Mafate même. Il s'agissait d'une plantation faite par les esclaves fugitifs. Depuis elle avait été exploitée à plus grande échelle. C'était une variété rare et médaillée au niveau nationale.

- Humm, c'est vraiment délicieux pour un amoureux du café comme moi, exprima Zach.
- Ah oui, c'est vrai il est plus amoureux du café que de moi, dit Samantha en souriant. J'adore votre café, on peut s'en procurer dans le coin ?
- Oui tout à fait, vous pouvait en trouver à la boutique souvenir un peu

plus loin.

- Parfait, j'enverrai mon mari en acheter tous les mois pour nous ravitailler alors....

- Ça ne me fait pas peur du tout. Je viendrai volontiers, répondit Zach.

- Je plaisantais chéri.

- Au fait quel est le programme pour ce soir ?

- Vous pouvez vous joindre à nous si vous le souhaitez, nous fêtons l'anniversaire d'un voisin. Ce sera une ambiance kabar, proposa Claude.

- Oui, c'est une excellente idée ça, n'est-ce pas ma chérie ? Claude j'espère que vous emmènerez vôtre accordéon ?

- Oui, c'est prévu, qu'en pensez-vous Samantha ?

- Avec plaisir, j'aimerai beaucoup merci. Clémentine sera là aussi ?

- Oui je viens aussi, j'adore l'ambiance !!!

- Peut-être que Samantha chantera aussi...

- Quoi ? Zach arrête s 'il te plaît, tu sais -bien que je n'aime pas trop chanter en public comme ça.

- Mort de rire, tu vas chanter au karaoké devant des dizaines d'étrangers parfois...

- Oui ben ce n'est pas pareil... mais on verra bien tout à l'heure. Nous avons oublié quelque chose chéri...

- Ah oui et quoi donc ?

- Rejoins- moi dans la chambre et tu vas savoir.

- Chéri, il y a du monde , tu pourrais garder notre intimité pour nous ? Dit-il en souriantt.Zach !

- Il ne s'agit pas de ça !!! Répondit Samantha troublée.

- Ne soyez pas gênés pour nous, c'est la vie, répliqua Clémentine.

- Non mais je ne parlais pas de ça je vous assure, Samantha était très gênée.

Arrivée dans la chambre, elle ouvrit le tiroir de la table de chevet et en retira les parchemins. Elle les posa sur le lit, en attendant le retardataire qui discutait avec Claude.

- Alors qu'avons-nous oublié demanda Zach en caressant l'épaule de Samantha.
- Bébé calmes-toi, regarde plutôt ça, dit-elle en montrant les parchemins.
- Ah ben oui, c'est vrai, tu veux qu'on les lise maintenant ?
- Oui tu n'es pas curieux de savoir ce qu'ils renferment ?
- Aller assez discuté ouvres moi ça !

Samantha ouvrit délicatement les parchemins empilés les uns sur les autres. Il y avait une vingtaine de feuilles. La première était une liste de prénoms avec un métier mentionné en face.

- Tu imagines ce que l'on vient de trouver là ? Demanda Zach
- Je pense oui, c'est la fameuse liste des esclaves ?
- Oui, mais regardons la suite. Il s'agit d'une sorte de récit... de Mily et Jacomo, la vache !!!S'exclama Samantha
- Ah oui nos ancêtres !
- Arrêtes de plaisanter, c'est le couple d'esclave qui s'est enfuit pour échapper à leurs maîtres.
- Oui, mais c'est bien les ancêtres de quelqu'un puisqu'ils ont eu des enfants qui ce sont réinstallés dans les bas, non ?
- Oui bien sûr, mais vu ta tête ce ne sont pas les tiens !
- Qu'est-ce qu'elle a ma tête ?
- Rien, tu es plutôt le descendant de monsieur propre avec ton crâne rasé ! Non tondu pardon lol elle éclata de rire.
- Rigoles en attendant tu le kiffes ton monsieur propre...

- C'est pas faux. Bon tu veux savoir la suite ou pas ?
- Oui ma petite descendante d'esclave chérie...
- Ouais ben si, mais ancêtre sont effectivement des esclaves en partie, je n'en suis pas une moi !
- Oh la la, on ne peut pas plaisanter avec toi... bien sûr que tu es mon esclave de l'amour !!!

Zach força doucement Samantha à s'allonger sur le lit. L'embrassa sensuellement comme elle aimait. Il la regarda intensément...et lui dit :

- La suite tout à l'heure après l'anniversaire du voisin !
Tu me fais trop rire toi, bon regarde on dirait qu'ils ont raconté leur vie et....
- Et quoi ?
- Attends je veux être sûre, il semblerait qu'ils aient caché une sorte de trésor.
- Humm je vais me transformer de monsieur propre en Zach le pirate alors !
- Non mais sans rire, tu penses qu'on pourrait le chercher demain ?
- Euh, si tu veux, mais il faudra partir très tôt, car on doit rentrer chez nous après, tu ne veux pas revoir nos enfants ?!
- Ben si Zach, arrête de me taquiner comme ça, tu sais bien que nos enfants, c'est toute ma vie
- Et moi non ?
- Si bien sûr toi aussi bébé, on se lèvera tôt. Et on partira sur la route du trésor de Mafate.
- Il y a une carte en plus. Attends je propose de prendre chaque feuille en photo et de ramasser précieusement notre découverte.
- Excellente idée pour une fois, dit Samantha en souriant
- lol fallait bien que ça arrive un jour, répondit Zach fier de lui. Je voudrais te montre quelque chose avant de nous préparer pour l'anniv
- J'imagine que tu vas encore me faire marcher ?

- Naturellement, tu es venue là pourquoi ?
- Pour passer un week-end en amoureux...
- Oui eh bien ça n'empêche pas de faire les deux, dépêches toi un peu tu vas faire foirer ma surprise !

Il l'a pris par la main et la sortie de la chambre. Ils marchèrent une dizaine de minutes...

- Voilà assieds toi là
- C'est bizarre il y a un coussin, ça sent la préméditation...
- Non c'était juste prévu, répondit Zach, mais regarde plutôt la vue de rêve que je t'offre pour notre anniversaire de mariage.
- Oh la la mon amour c'est magnifique, j'ai envie de pleurer tellement c'est beau...
- Bein voilà, c'est fait, je vois une larme, répondit Zach en la prenant dans ses bras
- Merci mon amour, tu sais comme j'adore les couchers de soleil
- Eh oui, je te connais plus que tu ne le pense. Profites, c'est pour toi ma chérie...

Ce fut un moment magique, Samantha avait l'impression d'être dans un rêve. Le ciel devenait oranger/rosatre.

- Regardes Zach, il y a juste un nuage, il est en forme de coeur.
- Ah ouais, je pensais à une paire de seins, mais aussi.
- Orr Zach, Mdr on a pas la même vision des choses...

Samantha tenait fort son homme qu'elle aimait tant. A ce moment là elle ne se doutait pas que ce serait l'un des derniers moments qu'elle passerait avec lui...

Avant que la nuit tombe complètement ils reprirent le chemin du gîte pour se prépare pour l'anniversaire.

- Je mets la robe bleue ou la rouge ?
- Les deux sont jolies, et même si je préfère la couleur bleue, j'aimerai te voir en rouge ce soir....
- Tu es romantique quel miracle !
- Non c'est pour réveiller le taureau qui sommeil en moi !
- Ah ok, ça faisait longtemps que tu ne m'avais pas parlé de ton signe astrologique. Mais soit, je serai en rouge pour toi ce soir. Au fait on a pas de cadeau, c'est mal poli non ?
- Je t'offrirai en cadeau si tu veux ? Dit il avec son sourire malicieux
- Ouais c'est ça, même pas en rêve. Tu ne te prépares pas toi, Zach ?
- Si si, t'inquiète moi ça va aller vite, je ne vais pas me maquiller ce soir...
- Très drôles, cesses donc de faire le pître et habilles toi.
En sortant de la salle de bain, Samantha si jolie déjà au naturel, était sublimée par son maquillage léger qui soulignait ses yeux légèrement en amandes et sa bouche d'un rouge rubi. Zach avait les yeux pétillant à la vue de sa belle.

- Finalement, je ne t'offrirai pas en cadeau, je te gardes pour moi. Tu es magnifique ma chérie.
- Merci mon amour...dit timidement Samantha.
- Oh elle est toute gênée, c'est trop mignon...

Les voilà parés et accompagnés de Claude et Clémentine, ils partirent sur le sentier qui menait à la fête d'anniversaire. C'était merveilleux, le chemin étaient éclairés de lumières solaires. Le parcours étaient sintillant. Samantha pris la main de Zach amoureusement.

Arrivée sur place, Claude et Clémentine demandèrent à Samantha et Zach d'attendre d'être annoncés...
- Quoi ? Ils ne savent pas qu'on vient, dit Samantha en chuchotant ?
- J'en sais rien moi, tu veux qu'on reparte, dit Zach en ricanant
- Oui je suis trop génée là....

Quand tout à coup la porte s'ouvrit en grand et là un groupe de gens du coin étaient là et crièrent :

- Joyeux anniversaire de mariage ! En choeur, s'il vous plaît.
- Quoi, s'exclama Samantha, je ne comprend pas, c'est l'anniveraire de qui ?
- Ben le nôtre non ? Répondit Zach
- Quoi, tu étais complice de se traquenard ?
- Arrêtes avec tes quoi quoi tu vas te transformer en canne ma chérie ! Oui, comme tu me reproches de ne pas être romantique, j'ai demandé à Claude et Clémentine de m'aider à organiser une fête d'anniversaire surprise.
- Je ne sais plus quoi dire, là...
- Eh bien commence par rentrer, répondit Clémentine
- Ah oui, désolée...

Après s'être remise de ses émotions, Samantha pu apprécier cette merveilleuse soirée organisée en leur honeur. Tout le monde était très gentil et prévenant en vers le couple. L'ambiance était comme Samantha et Zach aimaient, faite maison, avec des instruments, des chansons typiques et quelques enfants qui courent partout. A ce moment là Samantha ne put s'empêcher de penser aux siens. Zach remarqua le regard de Samantha, il s'approcha d'elle et lui murmura :

- On va les retrouver demain, les nôtres, ma chérie t'inquiète, profites de cette soirée spécialement conçue pour nous..

- Oui, tu as raison, viens danser alros
- Euh, tu sais bien que je n'aime pas ça...
- Hum, c'est notre anniversaire ou pas ?
- Aller Zach fait danser ta jolie femme ! Lui cria Clémentine.

- Tout ce qui se passe à Mafate, reste à Mafate ! Rétorqua Claude en souriant.
- Ok, viens là, demanda -t-il à Samantha en lui tendant la main. Qu'elle pris avec plaisir.

Ils dansèrent quelques danses ensemble avant que l'animation chanson ne commence. Samantha était aux anges. Le repas était divin, l'ambiance impéccable, les gens superbes. Les éclats de rires se succédaient. Quand Claude aidé d'un voisin installère un écran.

- Super, je crois qu'on va nous faire visionner un film, sûrement une vidéo du coin...
- Non
- Quoi non ?
- Non ce n'est pas une vidéo du coin, précisa Zach
- Alors qu'est ce que s'est ?
- Samantha ! Samantha ! Samantha ! La foule acclamait Samantha pour qu'elle se rapproche.
- Qui, moi ?
- Je crois que tu es la seule à t'appeler Samantha dans les parages, lui chuchota Zach
- Samantha va nous interpréter une belle chanson de Whitney Houston ! Cria Claude

Samantha se sentie piégée. Elle regarda Zach qui riait, content de lui, comme d'habitude. Elle s'apporcha de l'écran et commença à chanter, doucement d'abord. D'une petite voix timide. Puis après le premier couplé Samantha la chanteuse sortie de l'ombre et se mit à émerveiller le public qui la contemplait avec admiration.

- Elle chante trop bien, dit Clémentine à Zach.
- Oui quand elle veut, elle se débrouille pas mal.
- Oh tu es injuste elle chante merveilleusement bien.
- Je sais je plaisante, c'est vrai, mais je ne lui dit pas, parce que je n'ai pas envie qu'elle me quitte pour faire carrière...Zach regardait Samantha avec émotion.

Se succédèrent les chansons et les chanteurs, toujours dans une ambiance bon enfant. Ils y avait même un gâteau pour leur anniversaire avec le chiffre 16 sur les bougies. La soirée touchait à sa fin et les amoureux, suivient de leur hôtes repartir sur le chemin illuminé. Zach laissa le couple passer devant.

- On vous rejoind partaient devant, ne nous attendez pas ! Leur dit Zach
- Ok, ne sortait pas trop du sentier, ça peut être dangereux dans le noir.
- Pas de soucis Claude

Après avoir marché près de 50m ils durent écarter deux arbres pour y découvrir....un espace aménagé avec de belles lumières à énergie solaires qui entouraient une belle nappe garni d'un pique-nique : champagne, chocolats, mangues, ananas...

- Je suis dans un rêve mon amour....

- Tu veux que je te pince encore ?
- Non ça va aller....merci bébé, je sais les efforts que cela a du te demander.
- Off une broutille, je construis des maisons alors tu sais...

Avant qu'il finit sa phrase Samantha l'embrassa tendrement et l'entraina sur la nappe...

La nuit fut très courte pour nos tourtereaux, mais ils devaient se lever tôt, ranger leurs affaires et partir en expédition avant de prendre le chemin du retour. Claude et Clémentine, deux lèvent tôt leur avaient préparer un bon café accompagné de gâteaux pays et d'une brioche aux géraniums, fraichement sortie du four. Un vrai délice pour les papilles.

Les adieux furent touchant. Samantha et Zach aimaient tellement les gens. Ce fut une très belle rencontre. Ils se promirent de se retrouver. Après avoir vérifié n'avoir rien oublié ils partirent comme ils étaient arrivés le coeur rempli d'émotion et de merveilleux souvenirs. Des étoiles encore plein les yeux, Samantha ne marchait pas, elle planait. Contemplant le paysage avec émoi.

- Alors tu es prête pour la chasse au trésor ?
- Moi toujours prête ! Tiens la carte, tu es plus habitué à suivre des parcours.
- Voyons ça....hum. Il faut continuer sur ce sentier et si tout va bien on devrait trouver un croisement.
- Tu ne vas pas nous perdre au moins ?
- C'est de l'ordre du possible....Dit Zach en riant comme à son habitude
- Non sérieux bébé ?
- Si on se perd on vivra comme les deux esclaves en fuite !
- Pfff ce n'est pas drôle...
- Ne t'inquiète pas les sentiers sont balisés et pour le reste je vais me débrouiller.

- Je te fais confiance, mais n'oublies pas nous avons des enfants qui nous attendent
- Ah oui c'est vrai, les enfants....j'allais les oublier ! Content de lui.
- Je te suis aveuglément....
- Ouvres les yeux quand même, il peut y a sûrement des obstacles
- C'est malin....

En suivant la carte avec précision ils se retrouvèrent près de la cascade. Agréablement étonnés ils suivèrent les instructions et découvrir un passage derrière le rideau d'eau de la cascade. Un petit chemin les conduit dans une petite clairière. C'était magique, Samantha n'en revenait pas. Un décor idyllique se dressait devant eux.

- il ne manque plus que les licornes....mais ne rêve pas trop ça n'existe pas ma chérie, désolée de te décevoir
- Qu'est ce que tu peux être idiot parfois. On devrait chercher le trésor, non ?
- Oui tu as raison. Il y a un arbre dessiné sur la carte. Un gros tamarinier.
- On dirait que c'est celui là...il faut faire quoi ?
- Creuser ma bichette !
- On a rien pour creuser...
- Non je plaisantais, mais il faut y grimper. Je me porte volontaire, en plus j'ai mon habilitation pour travailler en hauteur moi !
- Eh bien vas-y, mais fait attention

En effet, il y avait un sac en toile de jute perché dans l'arbre. Il eut un peu de mal à l'attraper, mais il finit par l'avoir.

- Attention je lance le sac, tu l'attrapes s'il te plaît ?
- Lances le doucement... voilà je l'ai, descend maintenant.
- Il y a une super vu d'ici, c'est magnifique, dommage que tu ne puisses pas

monter. Je vais te faire une vidéo, ouh la la j'ai failli tomber.
- Chéri ! Fait attention ! Tu prends trop de risques, redescend, on s'en fiche de la vidéo.
- Non, voilà... c'est trop beau. Je vais sauter, tu me rattrapes ?
- Arrêtes ! et descend tout de suite !

Zach redescendit prudemment. Et sauta de la dernière branche. Samantha n'aimait pas quand il faisait le casse-cou. Il adorait prendre des risques et ça l'amusait de voir Samantha avoir peur pour lui.

Ils reprirent le chemin du sentier pour ne pas être en retard au rendez-vous avec le 4×4. Ils arrivèrent au point de rencontre en avance.

- On peut regarder ce qu'il y a dans le sac maintenant, demanda Zach ?
- Je propose qu'on attende d'être à la maison, si tu peux tenir, bien sûr ?
- Humm ça va être difficile, mais je vais attendre.. - Ah je vois le 4×4...

Les voilà sur la route de la maison plein de pensées rêveuses

- Et si on devinait ce qu'il y a dans le sac, proposa Zach, très joueur ?
- Ok, répondit Samantha, pas dernière pour répondre aux défis. Ce doit être des bijoux ou des présents.
- Ah vous les femmes vous ne pensaient qu'à ça... moi je crois qu'il s'agit de pièces en or et plein de billets...
- Ben, vous les hommes vous n'êtes pas mieux ! Et si l'un de nous a trouvé que gagne-t-il ?
- Facile il sera l'esclave de l'autre pendant une semaine !
- C'est malin, tu plaisantes l'esclavage, c'est fini !

- Non ça existe encore, je vais adorer te donner des ordres et te voir faire tout ce que je veux pendant toute une semaine.... le pied.
- Si tu gagnes, je me délecterai de te voir à mon service et remplir toutes mes exigences mon bébé, termina Samantha avec un petit clin d'oeil.

- Regarde qui nous attend devant le portail ? Dit Samantha
- Le chien ! Ah non, c'est ta cousine lol désolé
- Oh la la toi, tu n'arrêtes donc jamais tes blagues à deux balles ?
- Non j'adore, surtout quand tu es exaspérée. Ta petite tête agacée, c'est très trop mignon. Tiens les enfants sont là aussi, ils étaient cachés derrière ta cousine...
- Zach ! Ce n'est pas gentil... mais j'avoue que c'est drôle

La cousine de Samantha avait ramené les enfants comme prévu et elle attendait l'arrivée du couple. Les enfants impatients ouvrirent la porte de la voiture à leurs parents.

- Papa, maman, s'écrièrent en chœur les jumelles !
- Bonjour mes bébés, répondit Samantha avec un grand sourire. Charles, vient embrasser ta mère !
- Maman on n'est pas des bébés, s'exclama Mélody, la plus gaillarde des deux jumelles.
- Non, c'est des gremlins, rétorqua Charles !
- Tu es bien le fils de ton père toi, arrêtes de les appeler comme ça.

Toute la famille se retrouva dans la magnifique maison qu'avait complètement conçue Zach. Charles avait une grande chambre d'adolescant, les filles qui avait chacune leur chambre dormait toujours ensemble, tantôt dans une chambre, tantôt dans l'autre chambre. Zach et Samantha avait une spacieuse suite parentale avec salle de bain privative, petit salon une belle bibliothèque qui cachait le dressing quasiment rempli des affaires de Samantha.

- Qu'est-ce qu'on mange cousine Lilou ? Demanda Zach en riant
- Quoi ?, ou la di sé ou i fé a mangé en arrivan...Mwin la pa fé cui rien.[11]
- Zach arrête de la taquiner, non tu n'inquiètes pas Lilou, on va cuisiner et tu restes avec nous. Tu peux même rester dormir dans la chambre d'amis
- Mwin c'est pas out ami, mé out couzine[12]... Lilou ria très fort
- Eh ben, je vois que Zach déteint sur tout le monde, même toi tu blagues maintenant ?
- Ou la bien rézon[13] répondit Zach en créole
- E commen, ma pa attende a zot pou rire lol mi ve bien resté, na pwin person i attende a mwin la caze, a par le chate[14]
- Ok, moi je vais prendre une douche pendant que Zach cuisine, hein mon chéri ?
- Je crois que je me suis fait piéger sur ce coup-là..
Tout le monde se mit à rire. La soirée s'annonçait de bonne ambiance. En parlant d'ambiance, Charles avait connecté son téléphone sur la barre de son et faisait retentir les derniers hits du moment qui passait sur les radios locales.
Lilou se mit à danser avec les jumelles. Les rires et la joie de vivre résonnaient dans toute la maison.

Ce soir là le repas fut très apprécié, les blagues à deux balles fusaient pour le plus grand plaisir de tous. Samantha intérrompit un instant l'ambiance, pour faire une annonce :

---

11 Quoi ? Tu as dit que c'était toi qui cuixinerait en arrivant, je n'ai rien mit à cuir.
12 Je ne suis pas ton amie, mais ta cousine
13 Tu as bien raison
14 Et comment, je ne vous ai pas attendu pour rire lol Je veux bien resté, je n'ai personne qui mm'attend à la maision à part le chat

- Nous avons trouvé un trésor les enfants.
- Maman, tu nous prends vraiment pour des enfants, répondit Charles.
- C'est exactement ce que vous êtes jeune homme, répliqua Samantha.
- Oui, mais les trésors c'est dans les contes de fées, maman...
- Eh bien fiston, même si ta mère vit souvent dans un monde de bisounours, cette fois, elle a raison. Et d'ailleurs, nous allons le découvrir avec vous.
- Oui, oui crièrent les jumelles ! Le trésor, le trésor !
- Je vais le chercher il est dans la suite.
- Pfff, ça y est maman t'a hypnotisé papa... Charles répondit d'un air septique.

Ils étaient assis dans l'immense canapé d'angle où chacun pouvait s'asseoir. Zach déposa le sac sur la table basse.

- C'est un sac de riz, ricana Charles !
- Tu vas bien voir si tu ris encore, quand on aura ouvert le sac, répondit Samantha.
- Papa, dépêches toi demanda Harmony impatiente, en trépignant.

Zach ouvrit le sac et écarquilla grand les yeux à la découverte du trésor. Samantha eu une inquiétude en pensant qu'elle venait peut-être de perdre le pari.
- Alors qu'il y a-t-il bébé !
- Humm ça ne brille pas en tout cas, il y a plusieurs papiers.... qui va bientôt se soumettre ?
- Ben dit nous, dit Samantha en voulant arracher le sac dans la main de Zach, qui l'esquiva.
- Non, madame, c'est moi qui fais découvrir le fameux trésor.
Il sortit enfin la surprise du sac. Il y avait bien une liasse, mais ce n'était pas des billets. Il y avait également un unique bijoux. Un coeur avec deux photos en noir et blanc.

- Tu parles d'un trésor, des papiers et un bijou tout pourri, exprima Charles en se moquant ouvertement de ses parents.
- Je vais lire les documents.....À celui qui trouve ces papiers, il est en possession d'acte de propriétés. Ils sont désormais à vous. Vous êtes l'heureux propriétaire de 5 hectares de terrain constructible....bla bla bla... wow c'est trop beau pour y croire
- Ce sont quoi bébé, des terrains ? Demanda Samantha.
- Oui tout à fait, je crois que nous venons de toucher le pactole.
- Je veux un château de princesse, demanda Mélody.
- Oui moi pareil, ajouta Harmony.
- Mdr, les gremlins, on se calme, c'est des terrains pas de l'argent... précisa Charles.
- ça cé in zoli découvert pou zot, dit Lilou.
- J'avoue surenchérie Samantha.

- Dans tout ça j'ai gagné s'exclama Zach !
- Ça va pas, il n'y a pas de billets là, mais il y a un bijou.
- Humm, les actes peuvent se transformer en liasses de billets.
- Oui et on peut aussi acheter d'autres bijoux avec, mais il y en a au moins 1, donc j'ai gagné.
- Non, j'y crois pas, vous avez encore parié, demandé Charles d'un air désespéré ?
- Oui et ta mère veut tricher comme d'habitude.
- Qu'est-ce que tu es de mauvaise foi, tu avais dit qu'il y avait des billets dans le sac, moi j'ai dit des bijoux.
- Oui, mais il n'y en a qu'un...
- Mais il n'y a aucun billet, donc la grande gagnante qui va transformer votre père en esclave, c'est moi ! Répondit Samantha en exécutant une danse de la victoire....

- Maman, tu vas vraiment mettre des chaînes à papa, demanda Harmony en courant dans les bras de son père.
- Tu me fais rire ma chérie, mais non ça veut dire qu'il sera à mon service pendant une semaine.
- Alors, ma petite dame, étant donné qu'il n'y a qu'un bijoux je ne t'accorde qu'un jour de soumission...
- Non deux jours, et c'est non négociable
- Très bien maitresse Sam...
- Oh la la vous m'écoeurez, dit Charles en se dirigeant vers sa chambre.

Après toutes ses émotions chacun regagna sa chambre après de longues embrassades comme chaque soir. La petite famille ne se fit pas prier pour dormir.

Cousine Lilou partie de bonne heure ce matin-là Tous étaient encore attablés pour le petit déjeuner. Samantha et Zach discutaient de leur trésor.

- Chéri, je vais aller voir où se trouve exactement les parcelles, aujourd'hui.
- Ma chérie, ce serait bien qu'on aille voir le notaire avant pour faire valoir nos droits sur notre trouvaille, avant qu'une organisation de protection quelconque essaye de mettre la main dessus !
- Ah ce sujet, je voulais te demander est-ce qu'elle est grande la parcelle ?
- Oui ! On pourrait construire un parc d'attraction ma fille !
- Oh oui un parc d'attraction, reprirent en chœur les jumelles.
- Mouais, espère toujours les gremlins ! Dit doucement Charles.
- On se calme tout le monde, il est hors de question qu'on construise un parc d'attraction, dit alors Samantha.
- Humm, qu'est-ce que je vous disais, la défenderesse de la nature a parlé, dit Charles ironiquement.
- Ma chérie, on pourra discuter de cela une fois qu'on aura officiellement le

terrain, non ?

- Oui, mais j'ai déjà un projet qui me tient à cœur...
- Ok, alors dit nous de quoi il s'agit ?
- J'aimerai ouvrir un refuge..
- Pour des chiens ! Ouiiiiii maman, c'est super !!!! S'exclamèrent les jumelles toujours synchronisées.
- Non, pour des personnes sans abri et des femmes qui cherche à se protéger de violences conjugales, ou encore de mère célibataire jetées à la rue...
- Voilà, maintenant elle se prend pour mère Thérése, souffla Charles.
- Eh Ben, respecte un peu ta mère, elle est très généreuse. C'est une très bonne idée. Et on pourra faire un très bel espace de jeu pour les enfants.... ?
- Oui naturellement, un havre de paix avec tout ce qu'il faut, précisa Samantha.
- Chérie, ça peut revenir extrêmement cher tout ça. Je te propose d'acquérir le terrain et d'en vendre une partie pour financer ton projet, qu'en dis-tu ?
- Excellente idée bébé, je sais que je peux compter sur toi, mais il n'est pas question que je renonce à mon bénévolat dans le centre.
- Bien sûr que non ma chérie, mais il va falloir que tu t'organises. Veux-tu de moi comme entrepreneur ? Demanda Zach avec un petit sourire
- Bien évidemment, je ne laisserai personne s'en occuper à part toi. Et je suis sûre d'avoir le résultat que je désire.
- Bon assez causer dans le vide, va t'occuper des papiers et après on commencera à faire des plans.
- Je vais également chercher des subventions pour finaliser le projet.
- Je te fais confiance là-dessus, tu es la reine de la paperasserie !

Le couple était tellement complice que toutes les solutions arrivaient sans qu'ils n'aient à se creuser les méninges pour les trouver.

Samantha, était vraiment heureuse, elle savait la chance qu'elle avait. Un mari aimant et protecteur, un garçon très intelligent, deux merveilleuses petites filles qui par-dessus tout étaient son portrait craché ! Elle savait qu'elle se lançait dans un projet qui ne serait pas simple. Peu de structures de ce genre existaient à la Réunion. Mais le besoin était si fort qu'elle savait qu'elle faisait le bon choix en mettant sur pied cet établissement.

Au bout d'une semaine, toutes les démarches étaient enclenchées. Même si Samantha pestait que quelqu'un avait rendu publique leur acquisition et qu'elle avait reçu quelques messages de personnes se revendiquant descendants du couple d'esclaves, elle n'avait aucune crainte à avoir. Mais sa générosité prenait toujours le dessus. Elle décida d'associer ces personnes au projet, pour elle , il valait mieux les avoir comme alliés que comme ennemis.

Une partie avait été vendue, comme convenu mais sous conditions. Samantha avait besoin que l'endroit reste discret. Comme il s'agissait d'une parcelle distribuée par les colons lors de l'affranchissement des esclaves, les terrains étaient dans les bas et quasiment sur du plat. C'était tout simplement d'anciens terrains agricoles déclassés dans les années 80. Le propriétaire voisin ne pouvait pas construire de commerce et devait laisser un espace de 20 mètres de distance, comme espace vert.

Les plans étaient presque finis, le complexe était composé de plusieurs bungalows ce qui permettait aux futurs résidents d'avoir leur intimité. Un commerce équitable et associatif devait s'installer à l'intérieur de la résidence, pour permettre aux personnes de ne pas avoir de problème de nourriture en cas de besoin. Samantha avait pensé aux moindres détails. Zach était aussi fier de sa femme, qu'elle était fière de son mari qui dirigeait les travaux. Il était de très bon conseil. Et même si pour des raisons techniques, il fallut faire quelques menus changements, Samantha était plus que satisfaite.

Ce lieu était par conséquent hyper sécurisé et des espaces séparaient suffisamment les gens pour qu'ils aient la paix. Samantha pensait déjà à l'inauguration lorsqu'elle reçue un appel du chantier....

- Allo, oui qui est-ce ? Demanda Samantha.
- Bonjour madame, c'est Charly, je travaille avec Zach.
- Oui, que puis-je pour vous, Zach n'est pas avec moi, il m'a dit qu'il passait sur le chantier avant de rentrer.
- Euh, je sais, dit Charly avec une drôle de voix.
- Mais qu'est-ce que c'est tout ce bruit derrière vous, j'ai du mal à vous entendre ?
- C'est les pompiers et l'ambulance, répondit l'homme troublé.
- Un ouvrier, c'est blessé? Mais c'est horrible ! Comment va-t-il ?
- Ce n'est pas un ouvrier, madame....
- Oh non ! C'est Zach ????!!!!!
- Oui madame, il est tombé d'un toit, son état est grave. Il va être transporté par hélicoptère à St Pierre, voulez-vous que je vienne vous chercher pour vous y conduire ?
- Je...ne sais pas... euh oui....Samantha marqua un silence.
- Madame, ça va ? J'arrive
- D'accord, je me prépare, il faut que j'appelle ma cousine pour garder les enfants
- Ok à dans un instant.

C'est bien sûr naturellement que Lilou vint surveiller les enfants. Samantha bouleversée avait dit aux enfants que leur père était à l'hôpital, car elle n'aimait pas leur mentir. Elle leur demanda de ne pas s'inquiéter tant qu'elle n'aurait pas d'autres informations. Charles, étaient très gentil avec ses petites sœurs qui pleuraient déjà. Lui aussi était inquiet, mais il ne le montrait pas, il tenait ça de son père.

Une fois à l'hôpital, Samantha fut reçue par un médecin qui lui expliqua la gravité de l'état de Zach. Il lui permit de le voir avant de le plonger dans un coma artificiel pour lui éviter de grosses douleurs. Samantha entra dans la chambre où Zach était branché de partout... Elle ne put s'empêcher de pleurer en le voyant.

- Chéri, tu m'entends ?
- Hum... oui je ne suis pas sourd, Zach essayait de garder son sens de l'humour pour épargner Samantha.
- Comment tu te sens ? Tu ne peux pas me laisser, j'ai besoin de toi... Elle reprit ses pleurs de plus belle.
- Pas top, j'avoue. Je ne te laisserai pas mon amour.... Je t'aime Sam....
- Chéri !!!!!! À l'aide, s'il vous plaît, infirmière !!!!
- Oui madame que se passe-t-il ?
- Il est inconscient ! Il ne me répond plus... faites quelque chose je vous en prie, il est toute ma vie, supplia Samantha à l'infirmière.
- J'appelle le médecin, je vais vous demander de sortir, on va prendre les paramètres et le plonger dans le coma, comme le docteur vous l'a dit.
- Mais...
- Sortez madame, s'il vous plaît, le médecin viendra vous voir dans un

instant.
- Laissez-moi l'embrasser avant.... demanda Samantha avec beaucoup d'émotion.
- Oui bien sûr, allez-y madame, dit avec compassion l'infirmière.

Samantha attendez dans un petit salon réservé aux familles des patients en réanimation. Elle se sentait perdue. Elle ne se sentait plus capable de rien... Elle allât téléphoner à Charles, pour lui dire qu'elle attendait de voir le médecin avant de rentrer.

- Maman, il va mourir.... demanda tristement Charles ?
- Non, ne dit pas n'importe quoi, je te dirai tout à mon arrivée. Comment vont les filles ?
- Elles sont avec Lilou, elle leur raconte une histoire, elles sont plutôt calmes pour une fois.
- Ok, à tout à l'heure, ne dérange pas Lilou, tu lui dis que je rentre bientôt.
- Je t'aime maman et dis-le à papa aussi.
- Je lui dirai mon chéri, promis...

Samantha fut enfin reçue par le médecin. Charly était gentiment resté. Il avait beaucoup d'estime pour Zach, il lui était très reconnaissant de l'avoir embauché alors qu'il était dans de grandes difficultés financières et lui avait permis de repartir à zéro.

- Charly, tu peux partir si tu veux, je prendrai un taxi pour rentrer ?
- Non madame, je reste, je vous redéposerai chez vous, et puis Zach m'a demandé de veiller sur vous.
- C'est gentil, merci.

Le médecin appela Samantha :

- Madame BRADI, allons dans mon bureau.
- Ok, je vous suis.
- Bon je vais être cache avec vous, votre mari ne vas pas bien du tout, c'est même un miracle qu'il soit encore en vie après la chute qu'il a faite. Pour l'instant il est stabilisé, mais son pronostic vital est toujours engagé. Je devrais aussi l'opérer, car il a subi un gros traumatisme crânien avec épanchement de sang. Cette opération est très délicate, mais sans ça il n'a aucune chance. Vous comprenez ?

Samantha pris sa tête entre ses mains pour pleurer.... puis elle regarda le médecin

- Oui je comprends bien que je vais peut-être perdre l'être que j'aime le plus avec mes enfants. Je vous demande de faire tout ce qui est en votre pouvoir pour le garder en vie... je ne suis rien sans lui
- Je ferai ce que je peux naturellement. Je sais que ce n'est pas simple, mais je vous demanderai de bien vouloir remplir quelques papiers avec mon infirmière. On va l'observer cette nuit et je l'opérerai demain matin si les conditions sont réunies. Je vous appellerai si un changement important survient. Je vous demande de rentrer chez vous après et de dormir un peu.
- Ok, mais cela va être difficile, promettez-moi de m'appeler ???
- Oui madame, je vous le promets.

Samantha était anéantie, elle n'avait jamais quitté Zach plus d'une semaine. Ils étaient très fusionnels. Elle sans famille à part cousine Lilou et lui en froid avec sa famille jalouse de sa réussite, ils étaient inséparables comme les oiseaux du même nom.

Sur le trajet, elle si pipelette, ne dit pas un mot. Charly respecta son silence. Arriver devant le portail...

- Si ou la besoin d'in afèr appel a mwin, dit Charly en créole.
- oui inkièt pa, merci pour tout.
- Non ben lé normal. Au fait inkièt pa pou le chantié, mi occupe de tout et ou occupe Zach.
- Merci Charly, répondit Samantha, les larmes aux bords des yeux.
- Ma apèl a ou domin pou prend dè nouvel.
- D'accord, bonne nuit Charly et encore merci.

Charles était sur le pas de la porte. Il attendait Samantha avec impatience. Les jumelles dormaient, il était un peu plus de 23h la lumière venait de s'éteindre dans le chemin.

- Alors maman, comment va papa ?
- Entrons, je vais te donner des détails... répondit Samantha la voix remplie d'émotion.
Elle s'asseya autour de la table avec Lilou et Charles.

- Il ne va pas bien, ils ont été obligés de le mettre dans le coma pour qu'il ne souffre pas. Il doit se faire opérer demain matin.
- Mais... maman il va s'en sortir ?
- Samantha fondit en larme et sorti dans le jardin.
- Maman, Charles la suivit et la pris dans ses bras...

Lilou compris qu'elle devait les laisser vivre ce moment d'intimité. Charles se retenait de pleurer. Il savait que si sa maman était dans cet état, que la situation de Zach était critique.

Maman, papa va s'en sortir, j'en suis sûre, il nous aime trop pour nous laisser... Charles essayait de se convaincre en disant ses paroles pour tenter d'apaiser Samantha

Oui tu as raison, dit Samantha en essuyant ses larmes, il faut rester positif. Mais qu'est-ce qu'on va dire aux filles.... je ne vous ai jamais menti, mais je ne pensais pas devoir à vous annoncer de telles nouvelles un jour...
Ne t'inquiète pas on leur dira qu'il doit se faire opérer pour aller mieux, en plus ce n'est que la vérité, non ?
Oui.... on va dire ça

Ce soir-là Lilou, Charles et Samantha s'endormir dans le salon avec une musique relaxante qu'avait mise Samantha accompagné d'huiles essentielles qui avaient brûlées une bonne partie de la nuit.

Leur sommeil fut interrompu par la sonnerie du téléphone...

- Allo, Madame BRADI ?
- Allo, oui, c'est moi...
- C'est l'hôpital, le docteur NATHAN, je vous appelle pour vous dire que nous pouvons opérer votre mari ce matin. Son état ne s'est pas aggravé. Je ne veux pas attendre pour mettre toutes les chances de son côté.
- Oui, bien sûr, je vous fais confiance... quels sont risques ou les chances pour lui de s'en sortir
- Je ne veux pas dire de bêtise, ça aurait une autre personne, j'aurais dit 30% de réussite, mais étant donné ses paramètres, qui je l'avoue nous ont impressionnés, je dirai 50%. Je sais ce n'est pas beaucoup plus rassurant, mais je ne veux pas vous donner de faux espoirs, cette opération est très délicate. Nous serons au bloc pendant presque 8h.
Tout ça, ça va être interminable....
- Je comprends, je vous contacterai dès sa sortie du bloc. Ce n'est pas la peine d'attendre à l'hôpital et je pense que vos enfants ont besoin de vous...
Oui, merci docteur. Je croise les doigts et j'aurai de belles pensées positives pour vous soutenir pendant l'opération...

- Merci, c'est bien ainsi.

La journée fut la journée la plus longue de la vie de Samantha. Elle n'arrivait pas à se concentrer. Pourtant, elle avait rendez-vous pour parler de la constitution du personnel et de l'organisation de la structure d'accueil. Ce qui était le plus difficile, c'était les mots de compassion des personnes présentent à la réunion. Cela ne faisait que gonfler son émotion.

Compréhensifs ils proposèrent à Samantha de reporter l'entretien.

Non, surtout pas, il ne faut pas retarder le projet, des personnes et des familles ont besoin de nous... c'est important la famille, dit-elle le regard vide
Oui, c'est important. Nous allons convenir d'un plan et répartir les tâches, si vous le souhaitez, proposa la représentante de l'UFR (Union des Femmes Réunionnaises), une association très connue pour venir en aides aux femmes et familles en détresse.

Ainsi, tout fut mis noir sur blanc dans le respect des volontés de Samantha. Elle s'empressa d'aller chercher Harmony et Mélody à l'école avant de rentrer à la maison, où Charles les attendait.

Le chantier commença. Sam pris soin de filmer toutes les étapes importantes dans l'espoir de les montrer, un jour, à Zach. Elle avait de bien longues journées. Entre les enfants, le chantier et finir par ses visites à l'hôpital.

La routine était mise en place et le chantier avançait à grand pas. Quand Sam reçu un appel de l'hôpital...
Bonjour Madame, je vous appelle concernant votre mari
Oui qu'est-ce qui ce passe, un souci ? Demanda Sam très inquiète...
Non bien au contraire, il a repris conscience et il a prononcé votre prénom,

pouvez-vous venir rapidement ?
J'arrive !

Sam confia les jumelles à leur grand frère Charles avant de prendre la route pour l'hôpital. Plus de 3 mois, c'était passé depuis l'accident de Zach, elle se posait tellement de questions. Dans quel état était-il, retrouvera-t-il toutes ses facultés. Tant de questions qui troublaient Sam.

Elle se dirigea dans le service de soins intensifs où son mari avait été transféré. Il était seul dans une grande chambre. Elle ouvrit la porte doucement....

- Zach !!!! Bonjour mon amour.
- Bonjour madame, qui êtes-vous ?
- Mais, mais... je suis Samantha, ta femme, répondit-elle attristée.
- Ah bon j'ai une femme ? Et sexy avec ça !
- Zach... tu me fais marcher ? Mais qu'attends-tu pour venir m'embrasser !
- Orrr, tu n'es pas croyable, je croyais que tu ne te souvenais plus de moi.
- Comment oublier ma princesse ? Répondit-il avec son sourire malicieux.

Les retrouvailles furent très émouvantes. Ils étaient dans les bras l'un de l'autre. Un bon gros câlin interminable. Quand ils se lâchèrent enfin, Samantha raconta tout ce qu'il s'était passé depuis son accident. Zach était vraiment fier de sa petite femme. Il n'en revenait pas de tout ce qu'elle avait accomplie, même s'il ne doutait pas de ses capacités.

Le médecin arriva dans la chambre pour faire le point avec le couple.

- Bonjour, je voulais voir avec vous certains détails.
- Oui de quel ordre, demanda Sam ?
- Tout d'abord, je vous avoue que nous avons été très surpris de sa rapide

guérison. Votre mari a dû se battre très fort pour revenir parmi nous.
- Je vous le confirme, sourit Zach
- Aujourd'hui nous continuons à faire des examens pour connaître où vous en êtes et connaître les dégâts éventuels qu'à fait votre accident, ajouta le médecin.
- Très bien, répliqua Sam, mais quand pourra-t-il rentrer à la maison ?
- Il faut attendre quelques résultats, s'ils sont bons alors nous pourrons envisager un retour sous surveillance médicale.
- Très bien, dit Zach avec soulagement, alors faîtes vite tous ces examens que je retrouve enfin ma famille et mon travail.
- Euh, pour le travail, il faudra attendre un plus. Pour le moment concentrez-vous sur votre guérison. On en reparle rapidement. Reposez-vous pour l'instant. Je vous laisse et je vous contacterai pour vous tenir informé des progrès. À très bientôt.
- Merci docteur, répondit Sam enthousiaste.

Ce soir là Samantha rentra à la maison le cœur rempli de joie. Elle annonça la bonne nouvelle aux enfants, contents de pouvoir parler enfin avec le papa adoré.
Mais la journée n'était pas finie pour Sam qui devait encore s'occuper d'innombrables papiers pour le centre.

Le lendemain, Samantha devait trouver un centre de formation pour s'occuper des nouveaux employés. Elle passa toute sa journée au téléphone pour trouver les meilleurs formateurs. La guérison de Zach lui avait redonnée une pêche incroyable. Elle était plus motivée que jamais. Avec toutes ses compétences, elle entreprît de dessiner les tenues pour les employés qu'elle confia ensuite à une association de quartier pour la réalisation. Elle élabora une stratégie de communication et la remis entre les mains de jeunes étudiants à la recherche d'un projet.

Elle ne laissait rien au hasard. Elle continuait de courir partout entre les démarches, les enfants, le chantier et ses visites à l'hôpital, elle n'avait aucun répit. Mais elle savait qu'elle devait tout faire pour la réussite de son projet. Elle commençait à recevoir des demandes de familles et de personnes en détresses. Avec l'aide la municipalité, des associations et des représentants des services sociaux elle mit en place une commission pour la gestion et la priorisation des dossiers. Elle tenait à être présidente pour être sûre d'être au courant de chaque dossier et chaque demande.

Ce n'était pas simple et la demande était de plus en plus importante....

Et même si parfois l'administration ne lui facilitait pas la tâche, elle ne reculait devant rien. Elle savait qu'elle avait beaucoup d'alliés et de personnes bienveillantes derrière elle. Et toutes les solutions arrièrent au fur et à mesure des besoins pour la finalisation de l'établissement.

Ce matin était un jour très spécial, alors que Samantha buvait son café contre la colonne en regardant le soleil se lever, une légère brise vînt caresser sa joue, comme un doux baiser. Samantha ne déposa pas les enfants à l'école, mais elle se rendit à l'hôpital...

- Ah te voilà enfin ? Rouspéta Zach avec son sourire... malicieux.
- Désolée bébé, je ne voulais pas te faire attendre, répondit doucement Samantha.
- Mais je te taquine ma chérie. Viens m'aider à me lever, pour qu'on puisse enfin rentrer chez nous.

Zach était enfin autorisé à regagner son domicile. C'était vraiment très émouvant de voir sortir nos deux inséparables. Samantha savait que cela allait aussi être une joie immense pour les enfants. Et même si un aménagement avait été nécessaire pour son retour, son arrivée fut un véritable soulagement pour tous.

Charly les attendait devant le portail. Et dès qu'ils passèrent le seuil de la porte, Zach eu la surprise de voir toutes les personnes les plus importantes de sa vie réunies dans le séjour, pour lui souhaiter la bienvenue. Lui toujours fort et dur pour soutenir sa famille ne pût s'empêcher de retenir des larmes de joie et d'émotion. Les filles et Charles lui sautèrent dans les bras. Ils étaient si heureux de tous se retrouver. Une petite fête avait été organisée pour l'accueillir comme il se doit. Bien entendu elle ne dura pas toute la nuit, Zach se fatiguait rapidement.

Cette nuit avant de s'endormir, Samantha dit à l'homme de sa vie :

- Mon amour, tu sais combien je t'aime et je tiens à toi... alors promets-moi, de ne plus jamais te mettre en danger et de me faire peur comme tu l'as fait. Tu sais que sans toi ma vie sera vide. Même si je devais rester pour les enfants, mon chagrin sera inconsolable....
- Je vais essayer ma chérie, répondit Zach, toujours en plaisantant...

Puis, il lui demanda de s'approcher. Il lui murmura “je t'aime” à l'oreille, et lui promît de faire très attention dorénavant. Ils s'endormirent avec un apaisement sans pareil.

Maintenant que Zach n'était plus en danger, il dirigeait le chantier en télétravaille. Samantha, elle, était toujours sur le front et préparait l'inauguration du tout nouvel établissement d'accueil. Mais avant tout, elle souhaitait que le nom du centre face un clin d'œil à ses si généreux donateurs. Elle décida donc d'appeler son œuvre : “Chez Mily et Jacomo” et sous le nom de ce lieu d'accueil “in ti kaz pou réchof zot kèr”.

Toute la presse locale était conviée à l'inauguration du centre. Toutes les politiques avaient trouvé le moyen de se faire inviter. La population avait accueillie cet endroit comme un vrai don du ciel... oups de l'univers !!!!!

Samantha avait préparé un discours...

- Bienvenue dans le tout nouveau centre d'accueil : Chez Mily et Jacomo. Je suis heureuse de vous accueillir dans ce lieu, qui sera désormais un havre de, pour les personnes en grande détresse dans l'attente d'un relogement. Tout sera fait pour leur apporter tous les besoins nécessaires à leur bien être, leur reconstruction et leur sécurité. Ce ne sera pas toujours facile, il faudra de la patience, de la tolérance et de la bienveillance pour accueillir toutes ces personnes et leur donner la possibilité de se reconstruire. Je compte sur vous tous ici présents, pour nous soutenir et nous facilité la tâche. Je souhaitais vous remercier particulièrement pour l'aide que vous nous avez apportée. C'est un travail d'équipe et aujourd'hui j'ai le plaisir de donner les clés de leur bungalow à notre 1ère famille. Merci aux journalistes et aux médias de veiller à ne pas montrer le visage de ces personnes, s'il vous plaît.

La jeune femme enceinte de 6 mois et accompagné d'un jeune garçon de 3 ans en avait les larmes aux yeux.

- Je peux dire quelque chose? Demanda cette maman en prenant les clés.
- Oui bien sûr, je vous en pris. Répondit Samantha.
- Je vous remercie beaucoup pour nous permettre d'avoir un endroit sûr pour mon enfant et moi. Je galérai beaucoup pour trouver un logement et c'était difficile d'être hébergé. Maintenant nous pourrons attendre sans crainte d'être relogé. Merci madame, vraiment merci. Finit-elle avec les yeux brillant, serrant son fils contre elle.
- Je vous en prie, ne me remerciez pas, c'est pour des personnes comme vous que ce lieu existe. Et même si mon souhait est qu'il serve de maison de vacances le jour où plus personne n'en aura besoin, je sais que l'eau coulera encore longtemps avant que cela arrive. Bienvenue dans votre nouvelle maison....

Le soleil se couchait le ciel était violet et orange avec un dégradé de bleus et de roses. La lumière du soleil était forte et les montagnes retrouvaient leur manteau doré, alors qu'en contre bas la mer, au loin, brillait comme un immense champ de diamants.

Zach guéri avec quelques légères séquelles, qui l'empêchaient de monter sur les toits, avait repris son travail et avait même repris ses randonnées merveilleuses.

Samantha continua pendant des années à s'occuper du centre et de ses enfants, qui reprirent la relève, enfin les jumelles surtout. Car Charles lui avait fait des études d'ingénieur. Il avait inventé un système d'irrigation innovant pour les agriculteurs et les personnes de petits villages. Ses travaux avaient été repris à l'échelle nationale. Il disait avoir suivi les traces de Jim qu'il pensait être un de ses ancêtres... qui sait? Il avait peut-être raison...

MIX
Papier aus verantwortungsvollen Quellen
Paper from responsible sources
FSC® C105338

Printed by Books on Demand GmbH, Norderstedt / Germany